JN032565

にぎらない
おにぎり

おにぎり研究家
ココチャンネル

Gakken

SNSで大バズり!

にぎらないから
簡単で見た目も映える♡
新感覚おにぎりレシピ大公開

　はじめまして。ココチャンネルと申します。この本を手に取っていただき、どうもありがとうございます。まずは自己紹介をさせてください。

　3年前、子どもたちが独立して家を出てからというもの、急に家の中が静かになりました。私はパートと家事を繰り返す日々。そのとき、こう思ったんです。「このまま歳をとるだけなんて嫌だ!」と。

　そんなある日、スマホから動画共有サイトやSNSに投稿できることを知り、寝る間を惜しんでレシピ動画の作成を頑張るようになりました。その3カ月後、なんとバズッたのです! 気がつけばフォロワーさんがたくさん増えていました。そして、動画投稿が楽しくて毎日ワクワクするようになっていき、はじめは冷やかすだけだった子どもたちも協力してくれるようになりました。

　これまで、いろいろな料理レシピの投稿をしてきましたが、その中でもおにぎりの動画は興味を持ってくださる方が多く、再生数がグングンのびて、コメント欄から毎日の朝ごはんとお弁当作りに悩んでいる人がたくさんいることがわかりました。それをきっかけに、私の母が昔から実践していた作り方をもとにして、料理初心者の方でも簡単に作れて見映えもよい、「にぎらないおにぎり」のレシピを考えるようになったのです。ごはんと焼きのり、具の組み合わせ次第で無限にいろいろな形や味のバリエーションができるので、まだSNSや料理本で紹介されていない新しいおにぎりが絶対にあるはず！　次に流行る未知のおにぎりを絶対に私は新発見する！　そう思っています。そして、皆さんの毎日の献立やお弁当作りが、少しでも楽しくなりますように。

おにぎり研究家
ココチャンネル

もくじ

Part1　爆速！にぎらないおにぎり

THE
定番
BEST!

Part2　映える！折りたたみおにぎり

Part3　かわいい！丸めるおにぎり

Part4　具だくさん！巻くおにぎり

この本の使い方 本書ではおもに以下の4パターンのおにぎりの作り方と具のバリエーションを紹介しています。

Part1 爆速！にぎらないおにぎり

まさにおにぎり革命！くるんとのりで
包むだけで超カンタン＆ふんわり食感

Part2 映える！折りたたみおにぎり

たっぷりの具をのせてパタパタ折るだけ！
ボリューミーで断面もきれい

Part3 かわいい！丸めるおにぎり

ころんとしたフォルムがかわいい！
パクッと食べやすい混ぜごはんおにぎり

Part4 具だくさん！巻くおにぎり

焼きのり全形1枚で一気に4個完成！
バーガー系おにぎりが大量生産できる

レシピ表記について

○ 材料は作りやすい分量を基準にしています。食べる量や好みに合わせて加減してください。

○ 計量単位は大さじ1＝15mℓ、小さじ1＝5mℓです。

○ 電子レンジは600Wを基本としています。500Wの場合は1.2倍の加熱時間を目安にしてください。

○「少々」は小さじ1/6未満を、「適量」はちょうどよい量を、
　「適宜」は好みで必要があれば入れることを示します。

○ めんつゆは2倍濃縮タイプを使用しています。

○ 作りおきの具を保存する際には、粗熱をしっかりととり、清潔な箸や容器を使ってください。

○ とくにレシピを紹介していない具は、お弁当用の冷凍食品や市販のお惣菜を使ってもOKです。

○ お弁当にするときは、しっかりと火を通した具を使ってください。

○ 具が見えにくいおにぎりの写真は、のりで包んだ後に適量をトッピングしています。

Part 1

爆速！
にぎらない
おにぎり

ふんわりと焼きのりで包んで作るから、おにぎりのおいしさ
を最大限に発揮。くるんと包むだけなので、3分で作れて、
忙しい朝の味方に。お気に入りの具をたっぷり詰め込んで。

にぎらないおにぎりの基本

長方形バージョン

1 焼きのりを
2等分にする

パリッ

焼きのり全形1枚はザラザラした面を
上にし、縦2等分にします。

2 ごはんを左側に
寄せてのせる

2等分にした焼きのりを横向きに置き、
左側にごはん70g（茶わん½杯弱）を広
げてのせます。好みで塩をふってもOK。

3 具をのせる

ごはんの中央に具をのせます。バラ
バラした具はなるべく平らに広げて。

4 さらに
ごはんをのせる

さらにごはん40g（茶わん⅓杯弱）をの
せます。ふんわりと具にかぶせるよう
にするのがコツ。

の作り方

にぎらないおにぎりの基本形がこれ！ ふんわりと三角形になるようにコロンコロンと転がしながらごはんを焼きのりで包むだけだから簡単！

❺ 焼きのりの左上を持ち上げる

ひょいっ

焼きのりの左上の角を持ち上げ、ごはんの中央に向かって折りたたみます。

❻ 左手前から奥に向かって返す

よいしょ

焼きのりの左手前から右奥に向かってごはんごと返します。

❼ 左奥から右手前に向かって起こす

えいっ！

左奥から右手前に向かってごはんごと起こして、のりを巻き終えます。

＼ 具をトッピングして完成 ／

ちょこん

THE 定番 BEST!

01 鮭

おにぎりの具の代表といえば鮭。焼き鮭をほぐしてのせても、鮭フレークでもOK！

材料＆作り方（1個分）

1 焼きのり½枚を置き、ごはん70gを左側に寄せてのせる。

2 ほぐした焼き鮭⅕切れ分（または鮭フレーク15g）をごはんの中央にのせる。

3 ごはん40gを鮭の上にふんわりとのせる。

4 基本の作り方（P10）と同様にのりを巻き、鮭適量をトッピングする。

定番中のTHE定番！
しっとり鮭を
たっぷり入れて

トッピング
して完成！

02 梅

おにぎりといえばコレ！
何個でもイケそう

材料&作り方（1個分）

1 焼きのり½枚を置き、ごはん70gを
左側に寄せてのせる。

2 種を取り除いた梅干し1個をごはん
の中央にのせる。

3 ごはん40gを梅干しの上にふんわ
りとのせる。

4 基本の作り方（P10）と同様にのりを
巻き、ちぎった梅干し½個をトッピ
ングする。

昆布のうまみと
ごはんが
相性抜群！

材料&作り方（1個分）

1 焼きのり½枚を置き、ごはん70gを
左側に寄せてのせる。

2 昆布の佃煮約大さじ1（13g）をごは
んの中央にのせる。

3 ごはん40gを昆布の上にふんわり
とのせる。

4 基本の作り方（P10）と同様にのりを
巻き、昆布適量をトッピングする。

03 昆布

04 おかか

材料＆作り方（1個分）

1 焼きのり½枚を置き、ごはん70gを左側に寄せてのせる。

2 おかか（下記参照）小さじ2(10g)をごはんの中央にのせる。

3 ごはん40gをおかかの上にふんわりとのせる。

4 基本の作り方(P10)と同様にのりを巻き、おかか適量をトッピングする。

おかか（作りやすい分量）
かつお節6g、しょうゆ大さじ1、砂糖・白いりごま各小さじ1を混ぜ合わせる。

作りたても冷めてもどっちもおいしい

ひと口で幸せが口の中いっぱいに広がる！

05 焼きたらこ

材料＆作り方（1個分）

1 焼きのり½枚を置き、ごはん70gを左側に寄せてのせる。

2 焼きたらこ¼腹(20g)をごはんの中央にのせる。

3 ごはん40gを焼きたらこの上にふんわりとのせる。

4 基本の作り方(P10)と同様にのりを巻き、薄く切った焼きたらこ適量をトッピングする。

THE
定番
BEST!

06 いくらしょうゆ漬け

ぜいたくな
味わいを
堪能して

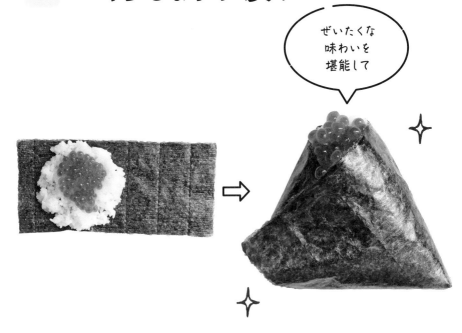

材料&作り方(1個分)

1 焼きのり½枚を置き、ごはん70gを左側に寄せてのせる。

2 いくらしょうゆ漬け約大さじ2(30g)をごはんの中央にのせる。

3 ごはん40gをいくらの上にふんわりとのせる。

4 基本の作り方(P10)と同様にのりを巻き、いくら適量をトッピングする。

07 高菜

シャキシャキ食感が
サイコー！

材料&作り方（1個分）

1 焼きのり½枚を置き、ごはん70gを左側に寄せてのせる。

2 高菜炒め（P35）約大さじ1（15g）をごはんの中央にのせる。

3 ごはん40gを高菜の上にふんわりとのせる。

4 基本の作り方（P10）と同様にのりを巻き、高菜適量をトッピングする。

材料&作り方（1個分）

1 焼きのり½枚を置き、ごはん70gを左側に寄せてのせる。

2 ツナマヨ（下記参照）約大さじ½（20g）をごはんの中央にのせる。

3 ごはん40gをツナマヨの上にふんわりとのせる。

4 基本の作り方（P10）と同様にのりを巻き、ツナマヨ適量をトッピングする。

ツナマヨ（作りやすい分量）
油をきったツナ1缶分、マヨネーズ大さじ2を混ぜ合わせる。

みんな大好きな
コクうまおにぎり

08 ツナマヨ

09 牛肉のしぐれ煮

ジュワッと
うまみが広がる
おいしさ

材料＆作り方（1個分）

1 焼きのり½枚を置き、ごはん70gを左側に寄せてのせる。

2 牛肉のしぐれ煮(P34)30gをごはんの中央にのせる。

3 ごはん40gを牛肉の上にふんわりとのせる。

4 基本の作り方(P10)と同様にのりを巻き、牛肉適量をトッピングする。

10 明太子マヨ

ピリッと辛い
明太子とマヨの
コクがマッチ

1 焼きのり½枚を置き、ごはん70gを左側に寄せてのせる。

2 明太子マヨ（下記参照）約大さじ1(20g)をごはんの中央にのせる。

3 ごはん40gを明太子マヨの上にふんわりとのせる。

4 基本の作り方（P10）と同様にのりを巻き、明太子マヨ適量をトッピングする。

明太子マヨ（作りやすい分量）
ほぐした辛子明太子20g、マヨネーズ大さじ1を混ぜ合わせる。

材料＆作り方（1個分）

1 焼きのり½枚を置き、ごはん70gを左側に寄せてのせる。

2 えびマヨ（下記参照）2尾程度(25g)をごはんの中央にのせる。

3 ごはん40gをえびマヨの上にふんわりとのせる。

4 基本の作り方（P10）と同様にのりを巻き、えびマヨ適量をトッピングする。

えびマヨ（作りやすい分量）
ゆでたむきえび70g、マヨネーズ大さじ2を混ぜ合わせる。

プリッとした
えびが入って
食べ応え満点

11 えびマヨ

12 鶏そぼろ

ジューシーな
鶏そぼろが
ごはんと合う！

材料＆作り方（1個分）

1 焼きのり½枚を置き、ごはん70gを左側に寄せてのせる。

2 鶏そぼろ(P35)約大さじ1と½(25g)をごはんの中央にのせる。

3 ごはん40gを鶏そぼろの上にふんわりとのせる。

4 基本の作り方(P10)と同様にのりを巻き、鶏そぼろ適量をトッピングする。

材料＆作り方（1個分）

1 焼きのり½枚を置き、ごはん70gを左側に寄せてのせる。

2 ちりめん山椒約大さじ1(12g)をごはんの中央にのせる。

3 ごはん40gをちりめん山椒の上にふんわりとのせる。

4 基本の作り方(P10)と同様にのりを巻き、ちりめん山椒適量をトッピングする。

山椒の
ピリッとした風味が
後を引く！

13 ちりめん山椒

14 卵黄しょうゆ漬け

手軽なぜいたくを
詰め込んで

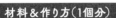

材料＆作り方（1個分）

1 焼きのり½枚を置き、ごはん70gを左側に寄せてのせる。

2 卵黄しょうゆ漬け(P35)1個をごはんの中央にのせる。

3 ごはん40gを卵黄の上にふんわりとのせる。

4 基本の作り方(P10)と同様にのりを巻き、卵黄しょうゆ漬½個分をトッピングする。

にぎらないおにぎりの基本

1 焼きのりを斜めに2等分する

パリッ

焼きのり全形1枚はザラザラした面を上にし、三角に折って切ります。きっちり2等分じゃなくてもだいたいでOK。

2 中央にごはんをのせる

焼きのりの頂点を手前に向けて置き、ごはん70g（茶わん½杯弱）を中央より少し奥にのせます。好みで塩をふっても。

3 具をのせる

ごはんに具をのせます。ここでは葉野菜、から揚げ、タルタルソースの順に。

4 さらにごはんをのせる

さらにごはん30g（茶わん約⅛杯）をのせます。具の上部が隠れないようにするのがコツ。

の作り方

三角形の焼きのりを使えば、さらに簡単！ おにぎりのてっぺんがオープンになっているので、見た目も映えます。お好みの具を組み合わせて。

5 ## 焼きのりの手前を持ち上げる

ひょいっ

焼きのりの手前の頂点の部分をごはんの中央に向かって折りたたみます。

6 ## 左側を手前に向かってたたむ

よいしょ

左側の頂点の部分を手前に向かってごはんを包むように折りたたみます。

7 ## 右側も同様に折りたたむ

えいっ！

焼きのりの右側の頂点の部分も手前に向かって同様に折りたたみます。

包めば完成

01 たこさんウインナー

ぼくたち
なかよし

寄り添ってひょっこり
顔をだすたこさんが
かわいい！

材料＆作り方（1個分）

1 焼きのり½枚を置き、ごはん70gを
のせる。

2 たこさんウインナー（右記参照）2本を
ごはんにのせる。

3 ごはん30gをたこさんウインナーの
上にふんわりとのせる。

4 基本の作り方（P22）と同様にのりを
巻く。

たこさんウインナー（作りやすい分量）
ウインナーソーセージ2本は下半分に
放射状に3か所切り込みを入れ、口
になる部分をV字に切り取る。サラダ
油適量をひいたフライパンで焼き、黒
いりごまで目をつける。

02 から揚げ

から揚げが
まるっと1個入って、
満足感バッチリ！

材料&作り方（1個分）

1 焼きのり½枚を置き、ごはん70gを
のせる。

2 リーフレタス適量、鶏のから揚げ
(P33)1個を順にごはんにのせ、タ
ルタルソース適量をかける。

3 ごはん30gを具の上にふんわりと
のせる。

4 基本の作り方(P22)と同様にのりを
巻く。

コーンが
シャキシャキで
ツナがジューシー

材料&作り方（1個分）

1 焼きのり½枚を置き、ごはん70gを
のせる。

2 サニーレタス適量をごはんにのせ、
ツナマヨ(P17)約大さじ½(20g)、コ
ーン約大さじ1(15g)をのせる。

3 ごはん30gを具の上にふんわりと
のせる。

4 基本の作り方(P22)と同様にのりを
巻く。

03 ツナマヨコーン

04 えびフライ

1本まるごと
えびフライで
ごちそうおにぎり

1 焼きのり½枚を置き、ごはん70gをのせる。

2 リーフレタス適量をごはんの中央にのせ、えびフライ1本を尾を上にしてのせる。

3 ごはん30gを具の上にふんわりとのせる。

4 基本の作り方(P22)と同様にのりを巻き、えびフライにマヨネーズ適量をかける。

フィッシュ
バーガー風が意外と
ごはんに合う！

材料&作り方（1個分）

1 焼きのり½枚を置き、ごはん70gをのせる。

2 レタス適量、白身魚のフライ1個を順にごはんにのせ、タルタルソース適量をかける。

3 ごはん30gを具の上にふんわりとのせる。

4 基本の作り方(P22)と同様にのりを巻く。

05 フィッシュフライ

06 高菜＆明太子

材料＆作り方（1個分）

1 焼きのり½枚を置き、ごはん70gをのせる。

2 高菜炒め(P35)10g、辛子明太子¼腹(20g)をごはんにのせる。

3 ごはん30gを具の上にふんわりとのせる。

4 基本の作り方(P22)と同様にのりを巻く。

風味豊かな
2種類の具が
たまらない

トロッとした
黄身がそぼろに
からんで美味

材料＆作り方（1個分）

1 焼きのり½枚を置き、ごはん70gをのせる。

2 鶏そぼろ(P35)約大さじ1(20g)をごはんにのせる。

3 ごはん30gを具の上にふんわりとのせる。

4 基本の作り方(P22)と同様にのりを巻き、卵黄しょうゆ漬け(P35)1個をトッピングする。

07 鶏そぼろ＆卵黄

08 鮭親子

鮭といくらの親子が合わないわけがない！

材料＆作り方（1個分）

1 焼きのり½枚を置き、ごはん70gをのせる。

2 焼き鮭¼切れ、いくらしょうゆ漬け約大さじ1(15g)をごはんにのせる。

3 ごはん30gを具の上にふんわりとのせる。

4 基本の作り方(P22)と同様にのりを巻く。

09 しば漬け＆しその実

材料＆作り方（1個分）

1 焼きのり½枚を置き、ごはん70gをのせる。

2 しば漬け、しその実の漬け物各約小さじ1(7g)をごはんにのせる。

3 ごはん30gを具の上にふんわりとのせる。

4 基本の作り方(P22)と同様にのりを巻く。

しその実の香りがさわやかに広がる

10 えび天

材料＆作り方（1個分）

1 焼きのり½枚を置き、ごはん70gをのせる。

2 えび天1本の尾を上にしてごはんにのせる。

3 ごはん30gをえび天の上にふんわりとのせる。

4 基本の作り方（P22）と同様にのりを巻き、えび天にめんつゆ小さじ½をかける。

めんつゆを
しみ込ませて！

冷凍食品の味つき
いか天が便利！

11 いか天

材料＆作り方（1個分）

1 焼きのり½枚を置き、ごはん70gをのせる。

2 味つきいか天1個をごはんにのせる。

3 ごはん30gをいか天の上にふんわりとのせる。

4 基本の作り方（P22）と同様にのりを巻く。

12 チャーシューマヨ

濃厚なコクが
やみつきに！

1 焼きのり½枚を置き、ごはん70gを
のせる。

2 チャーシューマヨ（下記参照）30gを
ごはんにのせる。

3 ごはん30gを具の上にふんわりと
のせる。

4 基本の作り方（P22）と同様にのりを
巻く。

チャーシューマヨ（作りやすい分量）
チャーシュー（角切り）70g、小ねぎ（小口切り）大さじ1、
マヨネーズ大さじ1と½を混ぜ合わせる。

材料&作り方（1個分）

1 焼きのり½枚を置き、ごはん
70gをのせる。

2 チャーシュー（薄切り）2枚、白
菜キムチ約大さじ1(15g)をご
はんにのせる。

3 ごはん30gを具の上にふんわ
りとのせる。

4 基本の作り方（P22）と同様にの
りを巻く。

チャーシューの
うまみとキムチの
辛味が合う！

13 チャーシューキムチ

14 かにマヨ

1 焼きのり½枚を置き、ごはん70gをのせる。

2 サニーレタス適量、細かく裂いたかに風味かまぼこ2本分を順にごはんにのせる。

3 ごはん30gを具の上にふんわりとのせる。

4 基本の作り方（P22）と同様にのりを巻き、かに風味かまぼこにマヨネーズ適量をかける。

かにかまの甘味が
子どもウケ抜群！

滋味深い具を
たっぷり詰め込んで

15 牛ごぼう

材料&作り方（1個分）

1 焼きのり½枚を置き、ごはん70gをのせる。

2 青じそ1枚をごはんにのせ、牛肉のしぐれ煮（P34）20g、きんぴらごぼう（P34）10gをのせる。

3 ごはん30gを具の上にふんわりとのせる。

4 基本の作り方（P22）と同様にのりを巻く。

Column # おにぎりのおとも＆
具に使える作りおき

具だくさんが
うれしい！

豚汁

材料（2人分）

豚バラ肉（食べやすい大きさに切る）… 50g
にんじん（輪切りにしてから縦3等分に切る）… ¼本分
ごぼう（縦半分に切って薄切りにする）… ¼本分
大根（薄いいちょう切り）… ⅛本分
長ねぎ（小口切り）… ¼本分
Ⓐ 水 … 500mℓ
　 和風顆粒だし … 4g
みそ … 大さじ2
ごま油 … 大さじ1
小ねぎ（小口切り）… 適量

作り方

1 鍋にごま油を熱し、豚肉を入れてさっと炒める。

2 にんじん、ごぼう、大根、長ねぎを加えてさらに炒める。

3 Ⓐを加え、アクを取り除きながら煮る。野菜がやわらかくなったら、みそを加えて溶かす。

4 器に盛り、小ねぎを散らす。

あるとホッとする！

だし巻き卵　作りおきOK　冷凍OK

材料（2本分）

卵 … 3個
Ⓐ 白だし … 小さじ1
　 水 … 大さじ1と½
サラダ油 … 適量

作り方

1 ボウルに卵を溶きほぐし、Ⓐを加えて混ぜる。

2 卵焼き器にサラダ油を熱し、①を数回に分けて流し入れ、奥から手前に向かって巻きながら焼く。

作りおきOKマークがあるものは保存容器に入れて冷蔵で2〜3日保存可能。
冷凍OKマークは約2週間冷凍保存可能です。数種類用意しておくと、
おにぎりライフがさらに楽しく！

ウインナーのスタミナ焼き

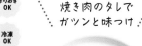

作りおき
OK

冷凍
OK

焼き肉のタレで
ガツンと味つけ

材料（作りやすい分量）

ウインナーソーセージ
（2mm間隔で斜めに切り込みを入れる）… 8本
焼き肉のタレ … 大さじ2
サラダ油 … 適量

作り方

フライパンにサラダ油を熱し、ウインナーソーセージ
を入れて焼き、焼き肉のタレを加えてさっと炒める。

ジューシーな肉汁が
ジュワッと！

鶏のから揚げ

作りおき
OK

冷凍
OK

材料（作りやすい分量）

鶏もも肉（3cm角に切る）… 300g

Ⓐ
酒・しょうゆ・焼き肉のタレ … 各大さじ1
すりおろしにんにく（チューブ）・
　　すりおろししょうが（チューブ）… 各小さじ1
塩・こしょう … 各小さじ½

片栗粉・揚げ油 … 各適量
レモン（くし形切り）… 適宜

作り方

1 ポリ袋に鶏肉、Ⓐを入れて揉み込み、冷蔵庫
で1時間以上置き（時間があれば丸1日漬け込むと味
がしみ込む）、片栗粉をまぶす。

2 フライパンに揚げ油を180℃
に熱し、①を揚げる。

きんぴらごぼう

作りおき
OK

冷凍
OK

和風の定番おかず

材料（作りやすい分量）

ごぼう（せん切り）…180g
にんじん（せん切り）…½本分

A
- 砂糖・しょうゆ…各大さじ2
- 酒・みりん…各大さじ1
- 和風顆粒だし…小さじ1
- 赤唐辛子（輪切り）…1本分

ごま油…大さじ1
白いりごま…適量

作り方

1 ごぼうは水にさらして水けをきる。

2 フライパンにごま油を熱し、①を入れて炒める。油がまわったらにんじんを加えて炒める。**A**を加え、汁けが少なくなるまで炒め、白いりごまを加える。

牛肉のしぐれ煮

作りおき
OK

冷凍
OK

ごはんとの
相性抜群！

材料（作りやすい分量）

牛切り落とし肉…200g

A
- 酒・しょうゆ・みりん
  …各大さじ2
- 砂糖…大さじ1
- しょうが（せん切り）…20g

作り方

鍋に**A**を入れて中火にかけ、煮立ったら牛肉を加える。アクを取り除きながら、汁けが少なくなるまで混ぜながら煮る。

材料（作りやすい分量）

鶏ももひき肉 … 200g
A ┌ 砂糖 … 大さじ3〜4
　　│ しょうゆ … 大さじ3
　　│ 酒 … 大さじ1
　　└ すりおろししょうが(チューブ) … 小さじ1

作り方

鍋に鶏ももひき肉、**A**を入れてよく混ぜる。中火にかけ、ひき肉がポロポロになって汁けがなくなるまで、手を止めずに混ぜながら煮る。

鶏そぼろ

作りおきOK　冷凍OK

しょうがを
ほんのりきかせて

卵黄しょうゆ漬け

作りおきOK

ごはん泥棒に
なること
間違いなし！

材料（10個分）

卵 … 10個
だしじょうゆ(またはめんつゆ) … 適量

作り方

1 卵は丸1日冷凍室に置く。冷蔵室に移し、2時間ほど置いて解凍する。

2 ①の殻をむき、シャーベット状になった卵白から卵黄を取り出す。

3 保存容器に②の卵黄と、ひたひたに浸かるくらいのだしじょうゆを入れ、冷蔵庫で3時間以上置いて漬け込む。

＊卵白は中華スープなどに使うのがおすすめ。

材料（作りやすい分量）

高菜漬け(みじん切り) … 100g
かつお節 … 4g
A ┌ しょうゆ・白いりごま … 小さじ2
　　└ 砂糖 … 小さじ1
ごま油 … 大さじ1

作り方

フライパンにごま油を熱し、高菜漬け、かつお節、**A**を入れて炒める。

高菜炒め

作りおきOK　冷凍OK

食欲をそそる
ごま油の香りが@

お弁当の詰め方テクニック

にぎらないおにぎりの場合

定番の三角おにぎり3個をお弁当箱に詰めるときの例をご紹介。

1 中央におにぎりを詰める

焼きのりを4等分の三角形に切って作ると、おにぎり3個分が、お弁当箱にちょうどよいサイズ。

2 片側におかずを詰める

おかずは冷凍食品や卵焼きだけでも十分。おにぎりに立てかけるように詰めましょう。

3 すき間を埋める

すき間にブロッコリーなどのゆで野菜や漬け物を詰めればあっという間に完成！

本書で紹介しているおにぎりは、お弁当にもぴったり。ふんわり食感をキープしてお弁当箱に詰めるときのポイントを解説します。

折りたたみおにぎりの場合

折りたたみおにぎりは、切って断面を上にして詰めると華やかなお弁当に。

1 片側に おにぎりを 詰める ……→

折りたたみおにぎりを半分に切って断面を上にし、お弁当箱の片側に立てるようにして詰めます。

2 中央を 仕切る

おかずの味がおにぎりに移らないように、お弁当用のバランや葉野菜で仕切ります。

3 おかずを 詰める ……→

おにぎりが具だくさんなので、おかずはシンプルな卵焼きや焼き鮭のほか、かまぼこ、ゆで野菜などがあればOK。

丸めるおにぎりの場合

丸めるおにぎりは1個ずつが小さいので、どんなお弁当箱にも詰めやすい!

1 お弁当箱に沿って おにぎりを 詰める ·········>

小さくて丸いおにぎりなので、お弁当箱の形に沿って詰めるだけでOK。1人分の量は大体5個ぐらいが目安です。

3 すき間を 埋める

お弁当のすき間は漬け物などで埋めれば、さらに彩り豊かに。

2 空いたところに おかずを 詰める

冷凍食品とウインナー、ゆで野菜だけでかわいいお弁当に。揚げ物の冷凍食品は味移りを防ぐために野菜で仕切るか、カップに入れて詰めるのがおすすめ。

巻くおにぎりの場合

巻くおにぎりはボリューム満点だから、
おかずはすき間埋め程度で大丈夫!

1 おにぎりを
立てて詰める

焼きのりを4等分に
して、おかずをのせ
てくるくる巻いたおに
ぎり。おかずが見え
るように立てて詰め
ます。

2 すき間を
埋める

おにぎりの具がおか
ずを兼ねているので、
あとは卵焼きやウイ
ンナー、ゆで野菜な
ど適当に詰めて。

おにぎりQ&A❶　素朴な疑問

誰でも簡単に作れて、お店みたいなふんわり食感に仕上がる、にぎらないおにぎり。
ここでは素朴な疑問にお答えします。

Q 塩っていつ、どのくらいの量をふりますか?

A 好きなタイミングで大丈夫。のりの上に広げたごはんに直接、分量はおにぎり1個(約110g)につき、塩ひとつまみ (約0.5g)をふるのがおすすめです。味が濃い具のときはふらなくてもOK。

Q 持ち歩いている間にくずれない?

A ラップで包むだけでも持ち歩けますが、ふんわり食感をキープするためには、お弁当箱に入れて持ち歩くことをおすすめします。すき間があればゆでたブロッコリーなどを詰めて固定して。

Q しっかりにぎらないと食べにくくない?

A 大丈夫! のりで包んでいるからごはんがポロポロとこぼれ落ちることもありません。ギュッとにぎらないから、ふわっとしておいしい!

Q 衛生面の注意点はありますか?

A お弁当にする場合、すぐに食べないので素手ではさわらずポリ手袋を使用しています。また、しっかり火を通した具を選んで。

Part 2

映える！折りたたみおにぎり

具だくさんで迫力のある仕上がりの折りたたみおにぎり。まるでお弁当をまるごと食べているかのように食べ応え満点。お肉、卵、野菜などお好みの具を入れれば、彩りも栄養バランスも◎。

折りたたみおにぎりの基本

正方形バージョン

1 焼きのりの一部に
切り込みを入れる

チョキチョキ

ラップ2枚を少し重ねて、焼きのりよりひとまわり大きめのサイズに広げます。**焼きのり全形1枚をのせ**、写真のようにキッチンバサミで切り込みを入れて。

2 左奥と左手前に
ごはんをのせて広げる

左奥と左手前にごはん各50g（茶わん約⅓杯）をのせます。四角い形に薄く広げるのがコツ。

3 右奥と
右手前に具をのせる

ここでは右奥には野菜を、右手前にはメインになるおかずをのせて。

4 ごはんに具をのせる

左奥のごはんの上に、具を四角い形に合わせて広げます。

※レシピによって、左奥のごはんだけに具をのせる場合と、左奥と左手前それぞれのごはんに具をのせる場合があります。

の作り方

韓国発の折りたたみキンパをヒントに作った折りたたみおにぎり。パタパタと折りたたむだけで簡単だし、何より断面がかわいい！

5 右手前を奥に向かって折りたたむ

よいしょ

右手前から奥に向かって折りたたみスタート！具がくずれないように注意！

6 次に左側に折りたたむ

パタン

右奥の折りたたんだ部分を、今度は左側にパタンと折りたたんで。

7 さらに手前に折りたたみ、ラップで包む

えいっ！

最後は左奥の折りたたんだ部分を手前に折りたたみ、ラップで包みます。

＼ 半分に切って完成 ／

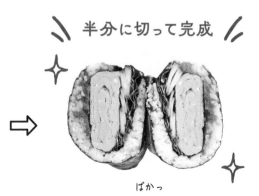

ぱかっ

01 ツナ&アボカド

ツナとアボカド、ゆで卵、ハムという、
サンドイッチの具を彷彿とさせる組み合わせ。

材料&作り方
（1個分）

1 ラップを広げ、切り込みを入れた焼きのり1枚をのせ、左奥と左手前にごはん50gずつをのせて広げる。

2 右奥にサニーレタス適量、アボカド（5mm厚さの薄切り）4切れを順にのせ、マヨネーズ適量をかける。右手前にはロースハム1枚をのせる。

3 左奥のごはんにゆで卵（輪切り）3枚をのせ、左手前のごはんに油をきったツナ30gをのせる。

4 基本の作り方（P42）と同様に折りたたみ、ラップで包み、半分に切る。

重ねて置いた具で
断面が超豪華に！

半分に切って
完成！

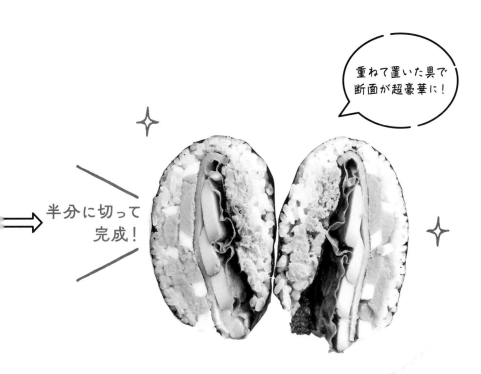

ウインナー＆目玉焼き

朝食の定番おかずを並べて折りたためば、
ワンハンドでパクパク手軽に食べられる！

材料＆作り方（1個分）

1 ラップを広げ、切り込みを入れた**焼きのり1枚**をのせ、左奥と左手前に**ごはん50gずつ**をのせて広げる。

2 右奥に**リーフレタス適量**をのせ、**マヨネーズ適量**をかける。右手前には**目玉焼き1個**をのせる。

3 左奥のごはんに、ゆでた**アスパラガス(5～6cm長さ)5切れ**をのせる。左手前のごはんに、焼いた**ウインナーソーセージ3本**をのせ、**トマトケチャップ適量**をかけ、**粒マスタード適量**をのせる。

4 基本の作り方(P42)と同様に折りたたみ、ラップで包み、半分に切る。

マスタードを入れて
味のアクセントに

半分に切って
完成！

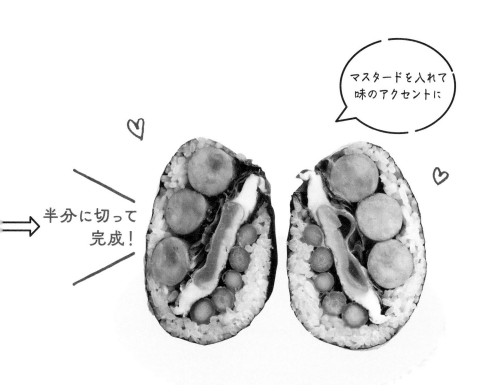

03 メンチカツ

まんまるのメンチカツをキャベツにのせて
折りたためば、見た目の迫力もボリュームも満点！

**材料 & 作り方
（1個分）**

1 ラップを広げ、切り込みを入れた焼きの
り1枚をのせ、左奥と左手前にごはん
50gずつをのせて広げる。

2 右奥にキャベツ（せん切り）適量、メンチ
カツ1個を順にのせ、トンカツソース適
量をかける。右手前には貝割れ大根適
量をのせ、マヨネーズ適量をかける。

3 左奥のごはんに、ゆで卵（輪切
り）3枚をのせる。

4 基本の作り方（P42）と同様に折
りたたみ、ラップで包み、半
分に切る。

せん切りキャベツと
ソースメンチカツが
ごはんに合う！

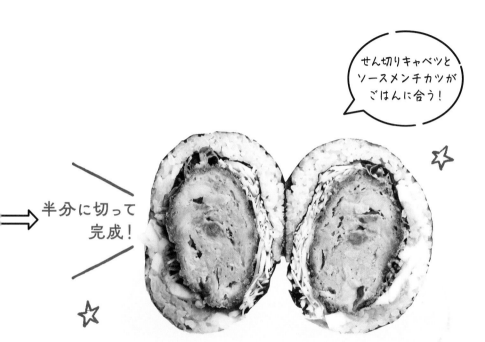

⇒ 半分に切って
完成！

04 プルコギ風

ジュワッと甘辛い牛肉炒めにきゅうりとキムチを
組み合わせれば、折りたたみキンパの完成！

材料＆作り方
（1個分）

1 ラップを広げ、切り込みを入れた焼きのり
1枚をのせ、左奥と左手前にごはん50gず
つをのせて広げる。

2 右奥にサンチュ適量、きゅうり(7〜8cm長
さの縦薄切り)5切れを順にのせる。右手前
には、焼き肉(P119)30g、糸唐辛子適量
を順にのせる。

3 左奥のごはんに白菜キムチ
約大さじ2(30g)をのせ、白
いりごま適量をふる。

4 基本の作り方(P42)と同様に
折りたたみ、ラップで包み、
半分に切る。

焼肉のタレで
お手軽に
プルコギ風

半分に切って
完成!

05 明太子&厚焼き卵

明太子と厚焼き卵の組み合わせは、みんな大好き！ 厚焼き卵はいつものだし巻き卵より甘い味つけを楽しんで。

材料&作り方
（1個分）

1 ラップを広げ、切り込みを入れた焼きのり1枚をのせ、左奥と左手前にごはん50gずつをのせて広げる。

2 右奥にサニーレタス適量、きゅうり（7～8cm長さの縦薄切り）5切れを順にのせる。右手前には、厚焼き卵（6～7cm幅に切る／右記参照）1切れをのせる。

3 左奥のごはんに、ほぐした辛子明太子¼腹(20g)をのせる。

4 基本の作り方(P42)と同様に折りたたみ、ラップで包み、半分に切る。

厚焼き卵（作りやすい分量）

①ボウルに卵3個を溶きほぐし、砂糖・しょうゆ各小さじ2を加えて混ぜる。
②卵焼き器にサラダ油適量を熱し、①を数回に分けて流し入れ、奥から手前に向かって巻きながら焼く。

厚焼き卵が
ドーンと
真ん中に！

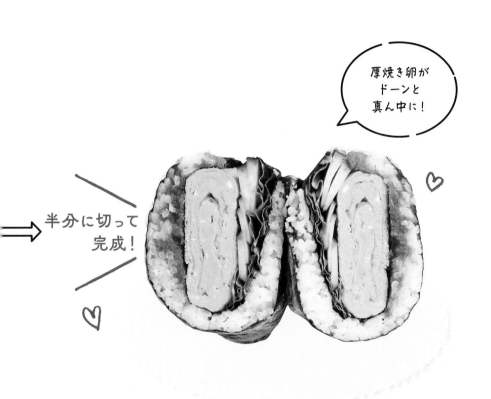

半分に切って
完成！

06 ベーコンエッグ＆アボカド

洋風の朝ごはんプレートのような組み合わせ。
ケチャップライスがほんのり甘くておいしい。

材料＆作り方
（1個分）

1 ラップを広げ、切り込みを入れた焼きの
り1枚をのせ、左奥と左手前にケチャッ
プごはん（右記参照）50gずつをのせて広
げる。

2 右奥にサニーレタス適量、アボカド（5mm
厚さの薄切り）4切れを順にのせ、マヨネー
ズ適量をかける。右手前には、2等分し
て焼いたベーコン1枚分をのせる。

3 左奥のごはんに目玉焼き1個をの
せ、トマトケチャップ適量をかける。

4 基本の作り方（P42）と同様に折り
たたみ、ラップで包み、半分に
切る。

ケチャップごはん（作りやすい分量）
ごはん100g、トマトケチャップ大さ
じ2を混ぜ合わせる。

とろ〜り卵と
ケチャップで
濃厚な味わい

半分に切って
完成！

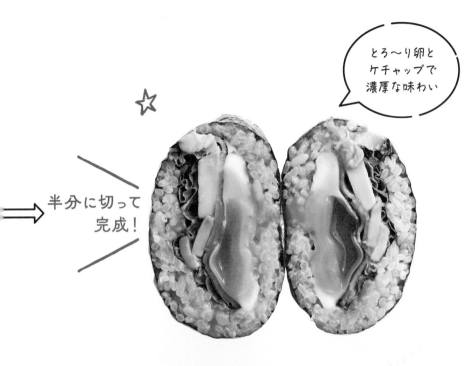

07 ローストビーフ

ローストビーフに、ゆで卵と
おしゃれな野菜を合わせて、パーティーメニューにも！

材料&作り方
（1個分）

1 ラップを広げ、切り込みを入れた焼きのり1枚をのせ、左奥と左手前にごはん50gずつをのせて広げる。

2 右奥にリーフレタス適量、ローストビーフ(薄切り)3枚を順にのせる。右手前には貝割れ大根適量、紫玉ねぎ(薄い輪切り)1枚を順にのせる。

3 左奥のごはんにゆで卵(輪切り)3枚をのせ、マヨネーズ適量をかけ、パセリ(みじん切り)適量を散らす。

4 基本の作り方(P42)と同様に折りたたみ、ラップで包み、半分に切る。

お肉のうまみ
たっぷりの
ごちそうおにぎり

半分に切って
完成！

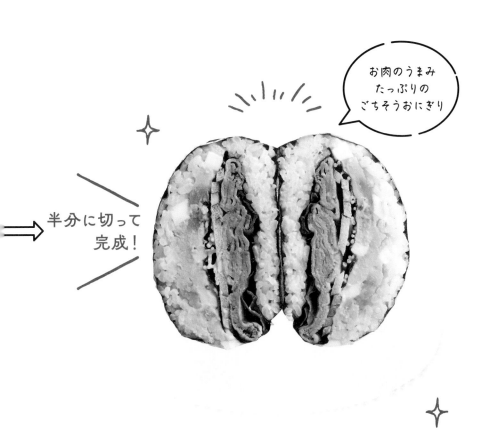

08 きんぴら＆スクランブルエッグ

甘辛いきんぴらとふわふわのスクランブルエッグ、
断面がかわいいオクラで和風テイストに。

1 ラップを広げ、切り込みを入れた焼きのり1枚をのせ、左奥と左手前に雑穀ごはん50gずつをのせて広げる。

2 右奥に青じそ1枚、きんぴらごぼう(P34)20gを順にのせる。右手前にはスクランブルエッグ(右記参照)をのせる。

3 左奥のごはんに、ゆでてヘタとガクを切り落としたオクラ4本をのせる。

4 基本の作り方(P42)と同様に折りたたみ、ラップで包み、半分に切る。

スクランブルエッグ（作りやすい分量）

①ボウルに卵1個を溶きほぐし、マヨネーズ小さじ1、しょうゆ小さじ½を加えて混ぜる。
②フライパンにサラダ油適量を熱し、①を流し入れてかき混ぜながら火を通す。

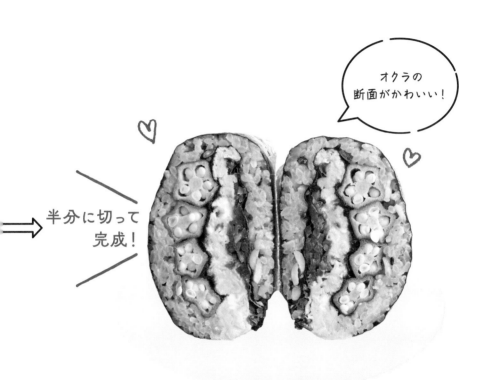

オクラの
断面がかわいい！

半分に切って
完成！

折りたたみおにぎりの基本

長方形バージョン

1 焼きのりを
2等分にする

バリッ

焼きのり全形1枚はザラザラした面を
上にし、縦2等分にします。

2 片方ののりの
中央に薄く
ごはんを広げる

2等分にした焼きのりを横向きに置き、
中央にごはんを薄く広げて接着剤の
役割に。

3 もう片方ののりを縦にして、
手前をごはんに重ねる

もう片方の焼きのりを縦にして手前が
ごはんに重なるように置きます。

4 のりを重ねた部分に
ごはんをのせる

ごはん50g（茶わん約⅓杯）を焼きのり
を重ねた部分に四角い形に広げます。

の作り方

焼きのりを縦と横で組み合わせて、ごはんと具をのせ、三方から折りたたむだけの簡単おにぎらず！切らなくても具が見えるのがうれしい！

5 具をのせる

好みの具を順に重ねてのせます。手前はごはんから少しはみ出すように。

6 さらに
ごはんをのせる

さらにごはん50g（茶わん約⅓杯）をのせます。手前の具が隠れすぎないようにするのがコツ。

7 焼きのりの両側を
折りたたみ、
手前から向こう側
に返す

あとは両側の焼きのりを中央に向かってたたみ、そのまま返すだけ！

えいっ！

⇨

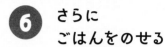
折りたたんで完成

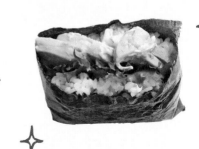

01 ランチョンミート＆厚焼き卵

ボリューム＆食べ応え満点のガッツリおにぎり。
お好みで野菜を一緒に包んでも。

1 焼きのり1枚を2等分し、片方を横向きに置き、中央に薄くごはんを広げる。もう片方を縦にして、手前をごはんに重ねる。重ねた部分にごはん50gをのせる。

2 厚焼き卵(3cm幅に切る／P52)1切れ、マヨネーズ少々、ランチョンミート(焼いて1cm厚さに切る)1切れを順にのせる。

3 さらにごはん50gをのせる。

4 基本の作り方(P60)と同様にのりをたたむ。

沖縄の
ポーク卵おにぎりを
アレンジ！

折りたたんで
完成！

02 照り焼きチキン

甘辛くて肉肉しい照り焼きチキンを具にすれば、
これひとつで大満足なボリュームに！

材料＆作り方（1個分）

1 焼きのり1枚を2等分し、片方を横向きに置き、中央に薄くごはんを広げる。もう片方を縦にして、手前をごはんに重ねる。重ねた部分にごはん50gをのせる。

2 リーフレタス適量、紫玉ねぎ（薄い輪切り）1枚、照り焼きチキン（一口大に切る）3切れを順にのせ、マヨネーズ適量をかける。

3 さらにごはん50gをのせる。

4 基本の作り方（P60）と同様にのりをたたむ。

照り焼きダレが
ごはんとからんで
美味

⇒ 折りたたんで
完成！

♡

♡

03 BLT

BLTといえばサンドイッチを思い浮かべるかも
しれませんが、おにぎりにもよく合う!

材料&作り方(1個分)

1 焼きのり1枚を2等分し、片方を
横向きに置き、中央に薄くごはん
を広げる。もう片方を縦にして、
手前をごはんに重ねる。重ねた
部分にごはん50gをのせる。

2 レタス適量、トマト(輪切り)1枚、厚切り
ベーコン(焼いて5～6cm長さに切る)2切れ
を順にのせる。

3 さらにごはん50gをのせる。

4 基本の作り方 (P60)と同様にのりをたた
み、具にマヨネーズ適量をかける。

フレッシュ野菜が
さっぱり
おいしい！

折りたたんで
完成！

04 ハンバーグ

市販のハンバーグとオーロラソース、あとはレタスとトマトがあれば、
3分でハンバーガー風のおにぎりの完成！

材料＆作り方（1個分）

1 焼きのり1枚を2等分し、片方を横向きに置き、中央に薄くごはんを広げる。もう片方を縦にして、手前をごはんに重ねる。重ねた部分にごはん50gをのせる。

2 スライスチーズ1枚、レタス適量、トマト（薄い輪切り）1枚、ハンバーグ1個を順にのせ、オーロラソース適量をかける。

3 さらにごはん50gをのせる。

4 基本の作り方（P60）と同様にのりをたたむ。

トマトとレタスで
ボリューム感
アップ！

折りたたんで
完成！

05 えびマヨ＆アボカド

えびマヨとアボカド、ゆで卵の間違いない組み合わせ。
お好みでしょうゆ少量をかけても！

材料＆作り方（1個分）

1 焼きのり1枚を2等分し、片方を横向きに置き、中央に薄くごはんを広げる。もう片方を縦にして、手前をごはんに重ねる。重ねた部分にごはん50gをのせる。

2 リーフレタス適量、アボカド(5mm～1cm幅の薄切り)4切れ、えびマヨ(P19)4尾程度(50g)、ゆで卵(輪切り)2枚を順にのせる。

3 さらにごはん50gをのせる。

4 基本の作り方(P60)と同様にのりをたたむ。

濃厚なアボカドに
マヨが
からんで美味

折りたたんで
完成！

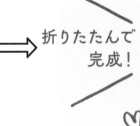

06 フィッシュフライ&ゆで卵

フィッシュバーガーを彷彿とさせるおにぎり。
きゅうりの代わりにピクルスでもおいしい!

材料&作り方(1個分)

1 焼きのり1枚を2等分し、片方を横向きに置き、中央に薄くごはんを広げる。もう片方を縦にして、手前をごはんに重ねる。重ねた部分にごはん50gをのせる。

2 白身魚のフライ1個、きゅうり(斜め薄切り)4枚、ゆで卵(輪切り)3枚、マヨネーズ適量を順にのせる。

3 さらにごはん50gをのせる。

4 基本の作り方(P60)と同様にのりをたたむ。

フライに
きゅうりを合わせて
さっぱりと

折りたたんで
完成！

焼きさば

焼きさばの脂がジュワッとしみ出すところに、
さっぱりとした青じその組み合わせがたまらない!

材料&作り方(1個分)

1 焼きのり1枚を2等分し、片方を
横向きに置き、中央に薄くごはん
を広げる。もう片方を縦にして、
手前を雑穀ごはんに重ねる。重
ねた部分に雑穀ごはん50gをの
せる。

2 青じそ1枚をのせ、焼きさば2切れを順
にのせる。

3 さらに雑穀ごはん50gをのせる。

4 基本の作り方(P60)と同様にのりをたた
む。

焼きさばは
冷凍食品の
骨なしタイプが便利

折りたたんで
完成！

おにぎりQ&A ❷ のりについて

おにぎりに欠かせないのりについてのよくある質問にお答えします。

Q のりの裏表って
どっち?

A ツルツルしている面が表で
ザラザラしている面が
裏になります。

Q おにぎり全体にのりを
巻くとかみ切りにくく
ないですか?

A 中にはかみ切りにくいタイプののり
もあるかも…。初摘みのりはパリ
ッとかみ切りやすいです。小さな
子が食べるときは、かみ切りやす
いように切り分けてください。

Q 最後までのりが
しけらない保存方法を
教えてください。

A 大きめの密閉保存袋にのりの
袋のまま入れて保存するのが
おすすめです。

Q 味つけのりや
韓国のりでも
大丈夫ですか?

A シンプルな焼きのりがおすす
めです。ごはんにもどんな具
にも合うので、これが一番!

Part 3

かわいい！
丸める
おにぎり

具を混ぜてから作るおにぎりは、どこから食べても最後まで
まんべんなくおいしいのがうれしい！　ひと口サイズなので、
パクパク食べられます。

丸めるおにぎりの基本の

1 ボウルにすべての
材料を入れる

ボウルにごはん**200g**(茶わん約1と¼杯)
を入れ、細かく刻んだ具材と調味料
を加えます。

2 混ぜ合わせる

まぜまぜ

しゃもじやヘラを使って切るように全
体をまんべんなく混ぜ合わせて。

作り方

韓国発のひと口サイズの丸形おにぎり「チュモッパ」をヒントに作ったおにぎりをご紹介！ 具材が細かく、サイズも小さめなので食べやすい！

③ 食べやすい大きさに等分して丸める

コロコロ

丸めて完成

だいたい9等分にして、コロコロと丸めます。ポリ手袋をすると手も汚れず衛生的！

01 ツナキム

韓国のりの塩けとごま油の風味がサイコー！
キムチとたくあんでチュモッパ風！

材料＆作り方（約9個分）

1 ボウルにごはん200g、油をきったツナ1
缶分、たくあん（角切り）15g、白菜キムチ
約大さじ2（30g）、小ねぎ（小口切り）½本分、
白いりごま小さじ1、細かくちぎった韓国の
り3枚分、マヨネーズ大さじ1を入れる。

2 全体を混ぜ合わせる。

3 食べやすいサイズに丸
める。

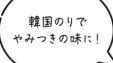
韓国のりで
やみつきの味に!

⇨ 丸めれば
完成!

02 韓国風ツナマヨ

韓国のりの
ごま油風味が
たまらない！

1 ボウルにごはん200g、油をきった
ツナ1缶分、白いりごま小さじ1、
マヨネーズ大さじ2、しょうゆ小さ
じ½を入れる。

2 全体を混ぜ合わせる。

3 食べやすいサイズに丸める。

4 細かくちぎった韓国のり5枚分を表
面にまぶす。

03 ランチョンミート ＆炒り卵

ランチョンミートの
うまみが広がって
幸せ！

材料＆作り方（約9個分）

1 ボウルにごはん200g、ランチョンミート（焼いて角切りにする）100g、炒り卵（右記参照）50g、パセリ（みじん切り）小さじ1、マヨネーズ大さじ1を入れる。

2 全体を混ぜ合わせる。

3 食べやすいサイズに丸めて、パセリ（みじん切り）少々をのせる。

炒り卵（作りやすい分量）
①ボウルに卵2個を溶きほぐし、砂糖小さじ1、塩小さじ¼を加えて混ぜる。
②フライパンにサラダ油適量を熱し、①を流し入れてかき混ぜながら火を通す。

04 鶏そぼろ＆炒り卵

鶏そぼろと
炒り卵の間違いない
組み合わせ！

材料＆作り方（約9個分）

1 ボウルにごはん200g、鶏そぼろ
(P35)大さじ2(40g)、炒り卵(P83)
50g、白いりごま小さじ1を入れる。

2 全体を混ぜ合わせる。

3 食べやすいサイズに丸める。

05 塩昆布＆炒り卵

塩昆布の
塩けとうまみが
GOOD！

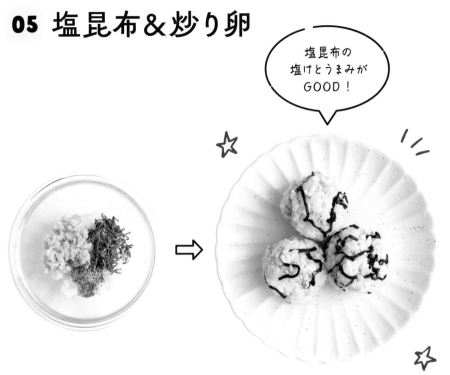

材料＆作り方（約9個分）

1 ボウルにごはん200g、塩昆布大さじ1(7g)、炒り卵(P83)50g、白いりごま小さじ1を入れる。

2 全体を混ぜ合わせる。

3 食べやすいサイズに丸める。

06 うなぎ＆錦糸卵

うなぎで
元気満点
おにぎりに！

材料＆作り方（約9個分）

1 ボウルにごはん200g、うなぎの蒲焼き（5mm～1cm幅に切る）50g、錦糸卵（右記参照）30g、うなぎのタレ大さじ2、粉山椒少々を入れる。

2 全体を混ぜ合わせる。

3 食べやすいサイズに丸める。

錦糸卵（作りやすい分量）
①ボウルに卵1個を溶きほぐし、塩ひとつまみを加えて混ぜる。
②卵焼き器にサラダ油適量を熱し、薄焼き卵を作る。
③粗熱をとり、1～2mm幅に切る。

07 しらす＆青じそ

青じそが
さわやかで、パクパク
食べられる！

材料＆作り方（約9個分）

1 ボウルにごはん200g、釜揚げしらす25g、青じそ（せん切り）3枚分、白いりごま小さじ1を入れる。

2 全体を混ぜ合わせる。

3 食べやすいサイズに丸める。

08 桜えび&天かす

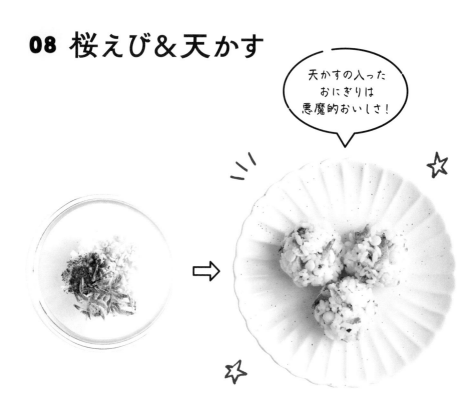

天かすの入った
おにぎりは
悪魔的おいしさ!

材料&作り方（約9個分）

1 ボウルにごはん200g、桜えび大さじ1、天かす大さじ2、青のり小さじ1、めんつゆ小さじ2を入れる。

2 全体を混ぜ合わせる。

3 食べやすいサイズに丸める。

09 鮭フレーク&わかめ

鮭フレークで
手軽に
混ぜごはん！

材料&作り方（約9個分）

1 ボウルにごはん200g、鮭フレーク
約大さじ1(13g)、わかめふりかけ
約小さじ1(3g)、白いりごま小さじ1
を入れる。

2 全体を混ぜ合わせる。

3 食べやすいサイズに丸めて、白いり
ごま少々をふる。

10 梅おかか

おかかの
うまみと梅干しの
酸味が合う！

1 ボウルにごはん200g、梅干し（種を取り除く）3個分、おかか昆布の佃煮大さじ2、小ねぎ（小口切り）大さじ1、白いりごま小さじ1を入れる。

2 全体を混ぜ合わせる。

3 食べやすいサイズに丸める。

11 ドライカレー風

プロセスチーズで
グッとコクを
アップさせて

材料＆作り方（約9個分）

1 ボウルに**カレーごはん200g**（右記参照）、**ウインナーソーセージ**（輪切りにして焼く）**2本分**、**プロセスチーズ**（角切り）**20g**、**コーン大さじ2**、**パセリ**（みじん切り）**小さじ1**を入れる。

2 全体を混ぜ合わせる。

3 食べやすいサイズに丸める。

カレーごはん（作りやすい分量）
ごはん200gにカレー粉小さじ1と½を混ぜ合わせる。

12 春らんまん

桜でんぶで
かわいらしい
春色に

1 ボウルにごはん200g、菜の花（ゆでて2cm長さに切る）4本分、炒り卵（P83）50g、白いりごま小さじ1、桜でんぶ大さじ1を入れる。

2 全体を混ぜ合わせる。

3 食べやすいサイズに丸めて、桜でんぶ少々をのせる。

13 夏まっさかり

暑い日に食べたい
さっぱりさわやか
おにぎり

材料＆作り方（約9個分）

1 ボウルにごはん200g、梅干し（種を取り除く）2個分、きゅうり（薄い輪切りにして塩揉みする）½本分、青じそ（せん切り）3枚分、白いりごま小さじ1を入れる。

2 全体を混ぜ合わせる。

3 食べやすいサイズに丸める。

14 秋しっとり

甘いさつまいもは
食欲の秋に
ぴったり

材料＆作り方（約9個分）

1 ボウルにごはん200g、さつまいも（ゆ
でて角切りにする）100g、ごま塩小さ
じ½を入れる。

2 全体を混ぜ合わせる。

3 食べやすいサイズに丸めて、ごま塩
少々をふる。

15 冬ほっこり

冬が旬の白菜を
混ぜて
浅漬け風で美味

材料＆作り方（約9個分）

1 ボウルにごはん200g、白菜（ざく切りにして塩揉みする）1枚分、かに風味かまぼこ（細かく裂く）3本分、白いりごま小さじ1、めんつゆ小さじ2を入れる。

2 全体を混ぜ合わせる。

3 食べやすいサイズに丸めて、白いりごま少々をふる。

たまにはパンの日も

トースターで簡単お花パン

材料(1枚分)

食パン(6枚切り)… 1枚
スライスチーズ … 1枚
卵 … 1個
ウインナーソーセージ(薄い輪切り)… 10枚
マヨネーズ・トマトケチャップ・パセリ
　… 各適量

とろけたチーズと卵がからんで美味

作り方

1　食パンの内側8cm四方ほどをスプーンの裏面で押しつぶし、スライスチーズをのせる。マヨネーズで外側を囲い、卵を割り入れる。オーブントースターの弱火で白身が少し固まるまで様子を見ながら焼き、一度取り出す。

2　①の2か所にウインナーソーセージをお花形に並べ、再度オーブントースターで卵が好みの固さになるまで焼く。

3　器に移し、お花の中心にトマトケチャップをしぼり、パセリを飾る。

おにぎり派でもトーストやサンドイッチを食べたい日もある！　シンプルにバターやジャムだけでもいいけれど、ちょっとした工夫でかわいくて食べ応え満点のパンメニューができます。

レンジで簡単ふわふわ卵サンド

喫茶店風の卵サンドがレンチンで！

材料（6切れ分）

食パン（6枚切り）… 2枚
卵 … 3個
Ⓐ めんつゆ（2倍濃縮）… 小さじ2
　　マヨネーズ … 小さじ1
マヨネーズ・トマトケチャップ・
　パセリ … 各適量

作り方

1 四角い耐熱容器にラップを敷き、卵を割り入れて溶きほぐし、Ⓐを加えて混ぜる。ラップをかけ電子レンジで1分加熱し、かき混ぜる。再度ラップをかけて30秒加熱し、かき混ぜる。もう一度ラップをかけて30秒加熱し、耐熱容器を返して卵焼きを取り出す。ラップに包んで形をととのえ粗熱をとる。

2 食パン1枚にマヨネーズをまんべんなく塗り、もう1枚にはトマトケチャップをまんべんなく塗り、①を挟む。パンの耳を切り落とし、6等分に切る。

3 器に盛り、パセリを添える。

魚肉ソーセージのくるくる串

材料（4本分）

食パン（サンドイッチ用）… 2枚
スライスチーズ … 2枚
魚肉ソーセージ … 2本
バター … 15g
パセリ・黒いりごま・
　トマトケチャップ … 各適量

表情豊かなくるくる串に気持ちもほっこり

作り方

1 食パン1枚にスライスチーズ1枚をのせ、魚肉ソーセージ1本を手前にのせてくるくると巻く。同様にもう1本作る。

2 ①を2本横にして上下に並べ、下から竹串を等間隔で4本刺し、竹串の間を切って4等分する。

3 フライパンにバターを熱し、②の断面を下にして並べる。チーズが溶けてこんがりとするまで両面を焼く。

4 それぞれの串の頭にパセリを刺し、断面に黒いりごまで目を、トマトケチャップで頬を作る。

98

食パンで簡単メロンパン

メロンパンの表面を手軽に再現！

材料（1枚分）

食パン（6枚切り）… 1枚

Ⓐ
- バター（常温に戻す）… 15g
- グラニュー糖 … 大さじ1と½
- 小麦粉 … 大さじ1

作り方

ボウルにⒶを入れて混ぜ合わせ、食パンにまんべんなく塗る。斜め格子状の切り込みを入れ、オーブントースターでこんがりするまで焼く。

おにぎりQ&A❸　具について

おにぎりを食べるとき、一番の楽しみである具。
おすすめの具や、おいしく食べるコツについてお答えします。

Q　おにぎりに向かない具ってある？

A　基本、好きな具材で大丈夫なのですが
水けの多いものは避けたいですね。

Q　常備しておくと便利な市販品は？

A　市販の鮭フレークはおすすめです。
おにぎりだけではなく卵焼きに
入れたりチャーハンに入れたりと
使いみちが多く便利です。

Q　一番おすすめの具材は何ですか？

A　いろいろな具材がありますが
やっぱり定番のもの
（鮭、梅干し）などは
食べ飽きないのでおすすめです。
ちなみに私はツナマヨが
一番好きです。

Q　お弁当にするときは冷凍食品を凍ったまま具にしてもいいですか？

A　お弁当用の冷凍食品には自然解凍で
食べられるものと一度電子レンジで
温めてから使用するものがあります。
自然解凍の冷凍食品は
そのまま使っても大丈夫です。

Part 4

具だくさん!
巻く
おにぎり

具材がはみ出ても問題なし!　くるくる巻くだけで、ボリューミーなおにぎりに。焼きのり全形1枚で一気に4個作れるから、みんなで食べるときや、ちょこちょこ食べたいときにも。

巻くおにぎりの基本の作り方

1 焼きのりを
縦4等分にする

焼きのり全形1枚はザラザラした面を
上にし、4等分にします。キレイに切
れなくても平気。

2 ごはんをのせ、奥
1cmを空けて広げる

のり1切れにつき、ごはん45g（茶わ
ん⅓杯弱）ずつをのせ、薄く広げます。
奥側1cmを空けるのがポイント。

3 具をのせる

好みの具を順にのせます。

大きめのおかずをのせて、くるくる巻くだけの
新感覚バーガー系おにぎり！ 焼きのり1枚で4
つのおにぎりができるから本当にラクチン！

4 手前から奥に
向かって巻く

えいっ

手前から奥に向かってくるくる巻いて
いけばできあがり。

\\\ 巻いて完成 ///

01 カツカレー

カレー味のごはんにカツをのせてくるくる巻くだけ！
子どもも大人もみんな大好き！

▭

材料＆作り方（4個分）

1 焼きのり1枚を4等分して置く。それぞれにカレーごはん（P91）45gずつをのせ、のりの奥側1cmを空けて広げる。

2 それぞれの手前側にキャベツ（せん切り）適量、中央にトンカツ（2～3cm幅に切る）1切れを順にのせ、トンカツにトンカツソース適量をかける。

3 手前から奥に向かって巻く。

巻けば
完成！

せん切り
キャベツが
いいアクセント！

02 ミニハンバーグ

ハンバーグは
お弁当用の
冷凍食品が便利！

材料＆作り方（4個分）

1 焼きのり1枚を4等分して置き、それぞれにごはん45gずつをのせ、のりの奥側1cmを空けて広げる。

2 それぞれの手前側にリーフレタス適量、ミニハンバーグ1個を順にのせ、ハンバーグにトマトケチャップ適量をかける。

3 手前から奥に向かって巻く。

03 シュウマイ

まるでひと口で
食べられる
シュウマイ弁当！

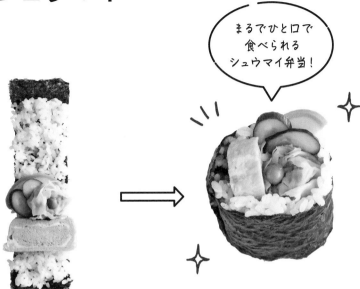

材料＆作り方（4個分）

1 焼きのり1枚を4等分して置き、それぞれにごはん45gずつをのせ、のりの奥側1cmを空けて広げる。

2 それぞれの中央にかまぼこ（薄切り）1枚、きゅうり（斜め薄切り）2枚、シュウマイ1個を順にのせ、すぐ手前にだし巻き卵（1.5cm幅に切る／P32）1切れをのせる。

3 手前から奥に向かって巻く。

04 えびカツ

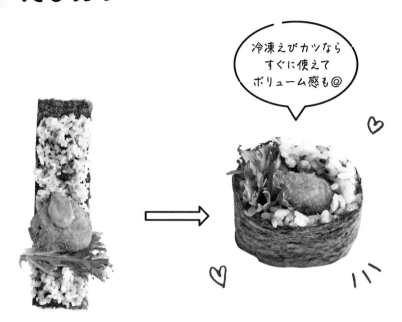

冷凍えびカツなら
すぐに使えて
ボリューム感も@

材料＆作り方（4個分）

1 焼きのり1枚を4等分して置き、それぞれに雑穀ごはん45gずつをのせ、のりの奥側1cmを空けて広げる。

2 それぞれの手前側にリーフレタス適量、えびカツ1個を順にのせ、えびカツにオーロラソース適量をかける。

3 手前から奥に向かって巻く。

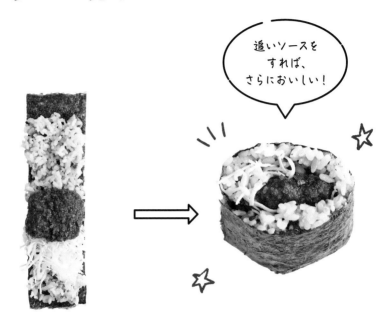

05 ソースカツ

追いソースを
すれば、
さらにおいしい！

▶ 材料＆作り方（4個分）

1 焼きのり1枚を4等分して置き、そ
れぞれに雑穀ごはん45gずつをの
せ、のりの奥側1cmを空けて広げる。

2 それぞれの手前側にキャベツ（せん
切り）適量、中央にソースカツ1個を
順にのせる。

3 手前から奥に向かって巻く。

06 厚焼き卵＆きゅうり

シンプルだけど
みんなが
大好きな味

1 焼きのり1枚を4等分して置き、それぞれにごはん45gずつをのせ、のりの奥側1cmを空けて広げる。

2 それぞれの手前側にきゅうり(斜め薄切り)4枚、厚焼き卵(4〜5cm幅に切る／P52)1切れを順にのせる。

3 手前から奥に向かって巻く。

07 焼き鳥

タレでも塩でも、
お好みの
焼き鳥缶で

材料&作り方（4個分）

1 焼きのり1枚を4等分して置き、それぞれにごはん45gずつをのせ、のりの奥側1cmを空けて広げる。

2 それぞれの手前側に錦糸卵（P86）10g、焼き鳥（缶詰）30gを順にのせる。

3 手前から奥に向かって巻く。

08 薄焼き卵

見た目が華やか！
しば漬けの
カリカリ食感も◎

材料＆作り方（4個分）

1 焼きのり1枚を4等分して置く。ごはん180gにしば漬け（みじん切り）20gを混ぜ合わせる。のりの上にしば漬けごはんを等分にのせ、のりの奥側1cmを空けて広げる。

2 それぞれの手前側に水菜（ざく切り）適量をのせ、薄焼き卵のお花（右記参照）2個をのせてようじをはずす。

3 手前から奥に向かって巻く。

薄焼き卵のお花
薄焼き卵を作り、縦10cmの横長の長方形になるように端を切り落とす。包丁の先で薄焼き卵の中央に5～6cm長さの切り込みを3～5mm間隔で入れる。半分に折りたたみ、端からくるくると巻き、ようじを刺してとめる。

09 ヤンニョムチキン

市販のヤンニョム
ソースがごはんに
からんで絶品！

材料＆作り方（4個分）

1 焼きのり1枚を4等分して置き、それぞれにごはん45gずつをのせ、のりの奥側1cmを空けて広げる。

2 それぞれの手前側に水菜（ざく切り）適量、鶏のから揚げ（P33）1個をのせ、から揚げにヤンニョムソース・白いりごま各適量をかける。

3 手前から奥に向かって巻く。

10 コロッケ

ソース味と
コロッケのホクホク感
で大満足！

1 焼きのり1枚を4等分して置き、それぞれにごはん45gずつをのせ、のりの奥側1cmを空けて広げる。

2 それぞれの手前側にキャベツ（せん切り）適量、中央にコロッケ1個を順にのせ、コロッケにトンカツソース適量をかける。

3 手前から奥に向かって巻く。

11 オムライス風

のりの内側に
オムライスを
閉じ込めて！

材料＆作り方（4個分）

1 焼きのり1枚を4等分して置く。ケチャップごはん(P54)45gずつをのせ、のりの奥側1cmを空けて広げる。

2 それぞれの手前側にふわふわ炒り卵(右記参照)20g、ウインナーソーセージ(中央に2mm間隔で斜めに切り込みを入れて焼く)2本を順にのせる。ウインナーにトマトケチャップ適量をかけ、ふわふわ炒り卵にパセリ(みじん切り)適量をのせる。

3 手前から奥に向かって巻く。

ふわふわ炒り卵（作りやすい分量）

①ボウルに卵2個を溶きほぐし、マヨネーズ大さじ1、塩・こしょう各少々を加えて混ぜる。
②フライパンにサラダ油適量を熱し、①を流し入れてかき混ぜながら火を通す。

12 チャーシューメンマ

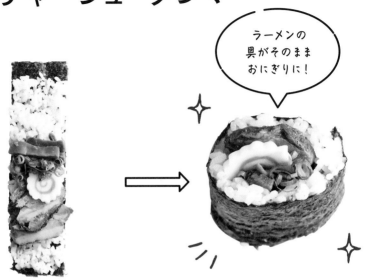

ラーメンの
具がそのまま
おにぎりに!

材料＆作り方（4個分）

1 焼きのり1枚を4等分して置き、それぞれにごはん45gずつをのせ、のりの奥側1cmを空けて広げる。

2 それぞれの手前側にチャーシュー（薄切り）2枚、中央になると1枚、なるとの奥にメンマ5g、小ねぎ（小口切り）適量を順にのせる。

3 手前から奥に向かって巻く。

13 ハムポテサラ

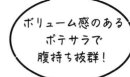

ボリューム感のある
ポテサラで
腹持ち抜群！

材料＆作り方（4個分）

1 焼きのり1枚を4等分して置き、それぞれにごはん45gずつをのせ、のりの奥側1cmを空けて広げる。

2 それぞれの中央にリーフレタス適量、手前側にポテトサラダ25gをのせ、ロースハムのお花(右記参照)2個をのせてようじをはずす。

3 手前から奥に向かって巻く。

ロースハムのお花 (1個分)

ロースハム1枚を常温に戻し、中央に5〜6cm長さの切り込みを3〜5mm間隔で入れる。半分に折りたたみ、半円になった側を5mmほど切り落とす。くるくると巻き、ようじを刺してとめる。

14 梅ささみ

梅と鶏ささみの
相性は抜群！

1 焼きのり1枚を4等分して置き、それぞれに雑穀ごはん45gずつをのせ、のりの奥側1cmを空けて広げる。

2 それぞれの手前側に青じそ1枚、蒸し鶏ささみ(大きめに裂く／右記参照)3切れ、種を取り除いた梅干し1個を順にのせる。

3 手前から奥に向かって巻く。

蒸し鶏ささみ（作りやすい分量）
耐熱容器に鶏ささみ3本、酒小さじ1を入れてラップをかけ、電子レンジで1分30秒加熱する。ささみを裏返してさらに1分30秒加熱する。

15 ビビンパ

うまみたっぷりの
牛肉と、野菜を
モリモリ！

材料＆作り方（4個分）

1 焼きのり1枚を4等分して置き、それぞれに雑穀ごはん45gずつをのせ、のりの奥側1cmを空けて広げる。

2 それぞれの手前側にほうれん草とにんじんのナムル20g（右記参照）、中央にたくあん（半月切り）1切れをのせ、間に焼き肉（右記参照）20gをのせる。

3 手前から奥に向かって巻く。

ほうれん草とにんじんのナムル（作りやすい分量）

ほうれん草（ゆでて4~5cm長さに切る）1株分、にんじん（ゆでて4~5cm長さの細切り）¼本分、白いりごま・鶏がらスープの素各小さじ1を混ぜ合わせる。

焼き肉（作りやすい分量）

牛こま切れ肉80gに焼き肉のタレ小さじ4を加えて炒める。

かわいいのり巻き

断面がかわいすぎる！お弁当にも

かわいい
ハート卵のり巻き

材料（3切れ分）

焼きのり … ½枚
ごはん … 90g
厚焼き卵（P52）… 1本
すし酢 … 大さじ1

作り方

1 焼きのりを縦長に置き、すし酢を混ぜ合わせたごはん90gのうち70gをのせ、のりの奥側1cmを空けて広げる。

2 厚焼き卵を縦長に置き、上面の右から⅓のところから下面の左から⅓のところに向かって包丁を入れ、斜め2等分にする。片方の上下を返して断面を合わせ、①の中央にのせる。凹んだ部分に残りの酢飯を詰める。

3 手前から奥に向かって巻き、3等分に切る。

具の並べ方や、のりの使い方のアイデア次第で、断面がとってもかわいいのり巻きに。
パーティーメニューとしても映えますよ♪

華やかな見た目で、ボリューム感も最高！

かわいい
お花のり巻き

材料（3切れ分）

焼きのり … ⅓枚
ごはん … 55g
グリーンアスパラガス (7cm) … 1本
ミニウインナーソーセージ … 6本

作り方

1 アスパラガス、ミニウインナーソーセージはさっとゆでる。

2 焼きのりを縦長に置き、ごはんをのせ、のりの奥側1cmを空けて広げる。

3 手前側にウインナーを並べてのせ、一番手前のウインナーの上にアスパラガスをのせる。

4 手前から奥に向かって巻き、3等分に切る。

のりを並べるアイデアで、
見た目も楽しいのり巻き!

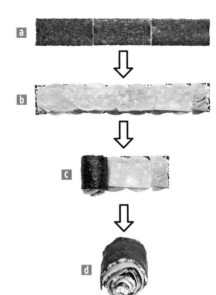

かわいいくるくるのり巻き

材料（1本分）

焼きのり … 1と½枚
ごはん … 210g
ロースハム … 8枚
薄焼き卵 (10cm × 15cm) … 3枚分

作り方

1 焼きのりは縦3等分し、横向きの一直線に並べ（a）、ごはんをのせて広げる。

2 ロースハムを少しずつ重ねながら①の上に並べてのせ、薄焼き卵をのせる（b）。

3 左端から巻き（c）、ハムのはみ出した部分を切り落とす（d）。

きゅうりとたくあんの
ポリポリ食感が◎

かわいくて食べやすいコマキンパ

材料（6本分）

焼きのり … 1と½枚
ごはん … 180g
かに風味かまぼこ（細かく裂く）… 5本分
きゅうり（細切り）…½本分
たくあん（細切り）… 30g
白いりごま … 適量

作り方

1 焼きのりは四角に4等分し、ごはんをのせ、のりの奥側1cmを空けて広げる。

2 それぞれの手前側にかに風味かまぼこ、きゅうり、たくあんを等分してのせる。

3 手前から巻き、白いりごまをふる。

おにぎりの具インデックス

この本で紹介しているおにぎりの具をジャンル別の一覧にしました。今日のおにぎりは何にする?

レシピ作成・調理

おにぎり研究家　ココチャンネル

料理初心者でも簡単に試せるレシピ動画をSNSに投稿。YouTubeクリエイター アワード プログラムではシルバーを達成。SNS総フォロワー数は75万人を超える（2024年9月時点）。料理動画を作成し始めてわずか3か月で韓国発のやみつき味玉「麻薬卵」の再現レシピ動画がバズり、800万回以上の再生回数を獲得。「にぎらないおにぎり」のレシピは、テレビやWebニュースでも取り上げられて話題となった。「ココチャンネル」のアカウント名は、ペットの名前が由来。

@coco0141cooking

撮影	石川奈都子
デザイン	小林沙織
編集協力／執筆協力	丸山みき（SORA企画）
編集アシスタント	樫村悠香、永野廣美（SORA企画）
校正	聚珍社

Instagram

TikTok

YouTube

にぎらないおにぎり

2024年 6月18日　第1刷発行
2024年10月14日　第4刷発行

著者	ココチャンネル
発行人	土屋　徹
編集人	滝口勝弘
企画編集	田村貴子
発行所	株式会社Gakken
	〒141-8416　東京都品川区西五反田2-11-8
印刷所	大日本印刷株式会社
DTP製作	株式会社グレン

●この本に関する各種お問い合わせ先

本の内容については、
下記サイトのお問い合わせフォームよりお願いします。
　https://www.corp-gakken.co.jp/contact/
在庫については　Tel 03-6431-1250（販売部）
不良品（落丁、乱丁）については　Tel 0570-000577
　学研業務センター　〒354-0045　埼玉県入間郡三芳町上富279-1
上記以外のお問い合わせは
　Tel 0570-056-710（学研グループ総合案内）

学研グループの書籍・雑誌についての新刊情報・詳細情報は、下記をご覧ください。
学研出版サイト　https://hon.gakken.jp/